RALF HANKE

EDITION·HERZWEGE

IM STOLPERN BEGINNE ZU

TANZEN

WORTE FÜR ALLE GELEGENHEITEN

mit Zeichnungen von
Kuno Lomas

FÜR ELKE
MIT DER DIE LIEBE KAM

DANK AN KUNO LOMAS,
KÜNSTLER, FREUND, INSPIRATION

ANFANG

Manchmal sagt jemand:
Du bist ein merkwürdiger Mensch,
machst merkwürdige Dinge
und schreibst seltsame Gedichte.
Das tut gut, weil es immer gut ist, die Wahrheit zu hören.
Ich lebe in einer merkwürdigen Welt, weiß nicht woher,
weiß nicht wohin, weiß nicht, worum es hier geht,
lebe in einer flüchtigen, fließenden Welt und wäre gerne ebenso,
aber dann und wann fallen mir harte Bretter aufs Schienbein und
hinterlassen blutende Abschürfungen.
Eigenartige Gedichte zu schreiben ist mir oft das Liebste
in einem Universum, in dem ich nirgends den Finger
auf etwas Solides legen kann und nichts bleibt.
Nicht merkwürdig zu sein,
erscheint mir angesichts der Umstände unangemessen und feige.
Noch lieber wäre ich verrückt,
aber wer kann schon guten Gewissens festlegen,
was verrückt ist in einer Welt, in der jemand,
der sich für normal hält, verrückt sein muss?

Egal,
ich lasse mich nicht ablenken
und bleibe konzentriert auf das, was möglich ist::
im Trüben fischen.

NAMENLOS

Manches bleibt gleich.
Hier wie dort
Himmel, wechselndes Licht,
im Wind tanzende Blätter,
bellende Hunde.
Ruhen in samtener Dunkelheit,
atmen,
träumen,
auf der Schwelle zu einem großen Geheimnis,
mir selbst fremd.

Weil ich nicht weiß, wo ich bin,
folge ich keinem Weg.
Weil ich nicht weiß, wer ich bin,
bleibe ich ohne Namen.

AUF HEILIGEM GRUND

Gerade singt die Schöpferin ein Universum ins Leben.
Was du bist, beginnt gerade eben.

Lass dich von Worten nicht einfangen,
vertraue von deinen Sinnen nur dem für das Wunderbare.

Du bist das große Geheimnis,
weder Zufall, noch Vorhersehung,
weder richtig noch falsch,
geboren, dich selbst zu überraschen.

Nichts anderes. Gehe nur auf diesem heiligen Grund.

Du bist der Sinn des Lebens und seine schönste Blüte.
Lass die ängstlichen Bedenken.

Neugierig, weit und ungebrochen –
was du bist, beginnt mit diesem Atemzug.

DAS GEHEIMNIS

Hören wir es, ist es offensichtlich und
bleibt doch das bestgehütete Geheimnis überhaupt:
Nur die Gegenwart ist wirklich, nur der Augenblick zählt.

Es gibt Gedankenströme, die Phantasien von Vergangenheit
und Zukunft erschaffen, doch letztlich versickern diese unter
unseren Füßen im Nichts, während das wirkliche Leben,
weniger als einen Herzschlag entfernt, tobt.

Allein in diesem Augenblick einfacher Gegenwart
feiern Lebendigkeit, Bewusstheit und Glück ein Fest,
hier schlagen wir unsere Schlachten,
sterben und werden geboren.

Nur hier blüht die Liebe,
nur hier gibt es kein dort.
Einfache Gegenwart ist das einzige Zuhause,

WOHIN?

Ein Sprichwort sagt:
Wenn das Leben keine Richtung hat, ist jeder Wind der falsche.

Jedenfalls:
Kennzeichen des Lebens ist unablässige Bewegung.
Stillstand ist keine Option.
Alles bewegt und verändert uns.
Wir bewegen und verändern alles.
In dieser Bewegung gibt es keinen neutralen Ort, keine Trennung.
Alles zählt und jeder Atemzug richtet uns und die Welt neu aus.

Deshalb:
Wenn nicht dem Großen, dienen wir dem Kleinen.
Wo wir nicht der Freude und größten Lebendigkeit folgen,
gehen wir dem Tod entgegen.
Wenn wir nicht mit dem Schatten in uns arbeiten,
arbeitet der Schatten durch uns.
Nicht zu fühlen, lässt uns versteinern.
Nicht zu lieben, stärkt die Angst.

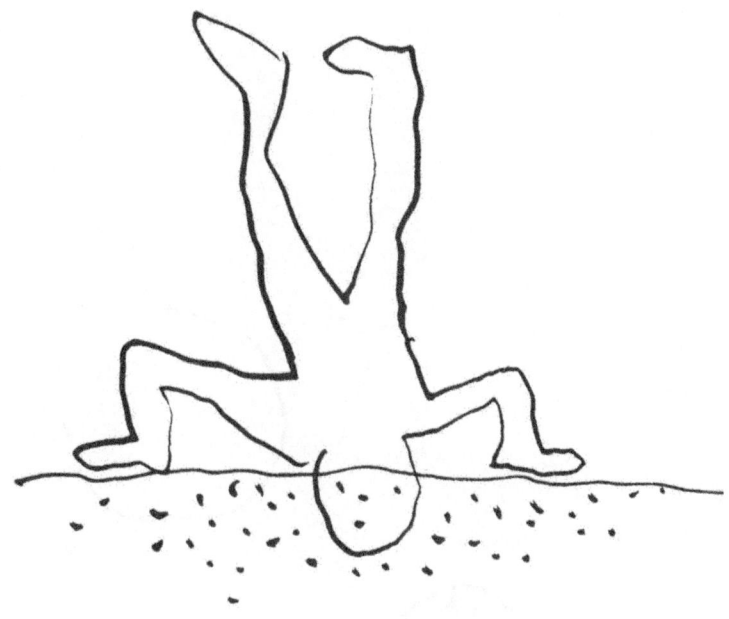

Wo wir die Tiefe vermeiden, zerreibt uns die Oberfläche.
Wenn nicht Kraft und Beweglichkeit, trainieren wir Schmerzen
und Steifheit.
Nicht der Wahrheit zu folgen,
lässt uns an tausend Lügen ersticken.
Wenn wir den Kopf in den Sand stecken, füllt er sich mit Sand.

Leben ist Bewegung und Stillstand keine Option.

Stille . . [!?] . . schon . . .

15

GLAUBE

Das Gehirn kann ohne Körper nicht existieren,
der Körper nicht ohne Erde.
Die Erde gibt es nicht ohne Sonne
und die Sonne nicht ohne Universum,

das nur zu 0,000000000000000000042%
aus Materie besteht,

davon sind 95% dunkle Materie,
die unsere Sinne nicht sehen oder berühren können,

und trotzdem hält sich hartnäckig der Glaube, dass sich das
Wesentliche im Innern des menschlichen Schädels befindet
und wir nur genug nachdenken müssen,
um das Sein, die Erde bis zum Mars,
das Universum samt seinem Ursprung
und uns selbst verstehen und kontrollieren zu können.

Viel Glück.
Wer es als erster schafft, bekommt einen Gutschein.

SCHEINIDENTITÄT

Wir sind ein permanenter Prozess der Veränderung,
keine starre, in einen Körper eingeschlossene Identität.
Ein vielschichtig verschlungener Strom aus Bildern, Gedanken,
Empfindungen, Sinneseindrücken, Gefühlen und Handlungen.

Jedes Ich, hinter dem wir uns verstecken,
ist flüchtig und hält einer ernsthaften Befragung nicht
lange stand.
Die Worte und Muster, aus denen es besteht, kommen
und gehen wie alles andere auch.
Es bleibt, ungeachtet der Wichtigkeit, die es sich selbst
zuschreibt,
wie die Fliege, die gerade versucht durch die Fensterscheibe ans
Licht zu gelangen, eines von zehntausend Dingen im Strom.

Der fließt nicht aus der Vergangenheit in die Zukunft,
sondern aus der Ewigkeit ins Jetzt.

Wenn ich mich nicht irre.

VERLOREN

In den kühleren Abendstunden
verliert sich mein Blick
in der Leere zwischen den Blättern der Bäume.

Die Welt ist dünner dort und durchlässiger,
weniger gewiss.
Geht schimmernd
in eine größere Welt über.
Melancholie überfällt mich,
das Gefühl eines Verlustes,
als ob ich mir von der anderen Seite selbst zum Abschied zuwinke.

Geh zum Psychiater, sagt meine Frau,
doch wo finde ich einen Psychiater,
der weiß, wie es ist, sich in der Leere
zwischen Blättern zu verlieren.

LIEBEN IN SCHWIERIGEN ZEITEN

Menschen lieben so gut sie können.
Du liebst so gut du kannst.

Kein Versagen ist möglich.
Nimm die Liebe deshalb nicht persönlich.
[Wenn möglich, auch sonst nichts.]

Wenn wir weicher werden
und verletzlicher,
wenn wir wagen, mehr zu fühlen,
uns Zeit für das Atmen nehmen
und um den Flug der Kraniche beobachten,

wenn wir also mehr lieben,

fließt die Liebe stärker und
kann nicht anders.
Gerade in schwierigen Zeiten.
Das ist alles.

Auch wo es schwerfällt zu lieben,
ist doch immer genug Liebe da.

Liebe so gut du kannst.

KEIN TROST

Eine Freundin, deren Pläne und Erwartungen immer wieder
enttäuscht werden, kämpft erbittert gegen die Wirklichkeit,
die ihr im Weg steht. Kann sie gewinnen?

Leben bleibt die Begegnung mit dem Unausweichlichen.
Alles, was geschieht, ist so, wie es ist und kann gerade nicht
anders sein.
Zu dem, was uns begegnet, gibt es jetzt keine Alternative,
nur den Trost, dass es das ist, was es für den nächsten Schritt
braucht – und alles wird gebraucht:

Enttäuschung weist den Weg zu einer tieferen Wahrheit.
Die Brüche und Abgründe unserer Existenz lassen das Neue ein,
durch die Risse strömt das Licht.
Deine Einsamkeit ist der Durchgang in das große Herz der Welt.
Deine Angst zeigt die Richtung, aus der Heilung kommt.
Trauer, Zweifel und Verzweiflung gehören dazu.
Um mich selbst daran zu erinnern, rate ich dir:
Sei freundlich, lade all deine Gefühle ein, am wärmenden Feuer
Platz zu nehmen, und setze dich dazu.

Meistens genügt das und ist oft es alles, was möglich ist.
Das und die Neugier, wie es weitergeht.

Leben entfaltet sich spontan als ineinanderfließendes Ganzes –
spielerisch, unvorhersehbar, dynamisch, unteilbar.
Es hat keine Griffe, an denen wir es herumzerren und
kontrollieren können, auch für dich nicht, geliebte Freundin.
Wir können uns nicht entkommen.
Auch wir können jetzt nicht anders sein,
müssen damit einverstanden sein und mit dem beginnen, was ist,
 da, wo wir sind.

Das ist heute vielleicht kein Trost,
doch wenn du magst, kann ich still mit dir sitzen . . .
und atmen.

KURZE FRAGE

Was bist du?,
fragt der Narr das Leben.

Ewigkeit in Aktion,
erwidert das Leben

TUNNEL

Unter dem Gazastreifen erstreckt sich ein
weitverzweigtes Tunnelsystem.
Auch unter der Grenze zwischen Mexiko und den USA
verlaufen lange Tunnel,
ähnlich wie damals unter der Mauer in Berlin.
Gerade graben überall auf der Welt Menschen
Tunnel und bewegen sich aufeinander zu,
langsam und unermüdlich.
Manche verrechnen sich und bleiben
ein Leben lang einsam unterwegs.
Geben doch nicht auf,
machen schweigend weiter,
Schubkarre für Schubkarre,
Eimer für Eimer,
Tag für Tag,
um irgendwo ans Licht zu kommen.

EIN WORT DER ERMUTIGUNG

Mehr als Wasser und Brot braucht ein Mensch Ermutigung
und Augen, die ihn sehen, und ein paar Worte zumindest, die seine
Seele erwecken, gesprochen von einem lebendigen Menschen.
Mein Mensch kam von jenseits des Meeres,
sah mich mit Augen, denen nichts fremd war,
sprach einen kurzen Satz und rettete mich,
quasi im Vorübergehen.

Danach kannten wir uns noch länger als 30 Jahre, auch
gespannte und dunklere, in denen viel geschehen ist und ich ihr
viel verdanke, doch es war die erste Minute, die mir ein Leben gab.

Das Geschenk war so groß, dass das Jammern in mir verstummte
und ich verstand, dass das Leben zu kurz ist,
um es an die Vergangenheit zu verschwenden,
dass alles dazugehört und nichts verloren geht
und wusste, was meine Arbeit ist,
sogar wusste, dass ich dazugehöre.
Das Geschenk war so groß, dass ich es nicht erwidern konnte.
Vielleicht ja weitergeben, einmal,
irgendwann, quasi im Vorübergehen.

Jeder Mensch braucht ein Wort der Ermutigung, oder er verdorrt.

POEMA PARA MAFFO

Niemand weiß genau, wie es geschieht,
doch gerade formt sich in dir ein Gedanke,
der nur von dir gedacht

und in die Welt geboren sein will,
und sich mit vielen Gedanken formt zu einer Stimme,
die ganz dein
und zugleich der Schöpfungsgesang einer neuen Welt ist,
jetzt noch verborgen im tiefen Grund,
wo nur du sie hören kannst.

Mehr als nur zuhören, musst du ihr mit allen Sinnen,
mit deiner ganzen Kraft,
deiner großen Seele
und mit dem Herz einer Kriegerin
lauschen und dienen.

Einer Stimme, die auch Tanz ist und
eine Tänzerin, deren schlanker Fuß sich hebt
zu einer Bewegung, die nur du allein tanzen kannst,
eine Tänzerin, die den Ideen, Formen und der Liebe,
eines Universums Körper, Geist und Seele ist,

ein Universum, das durch dich träumt
von Engelstämmen und einem flammenden Schwert,
von Menschen, Liedern und Sprachen,

träumt von einer kühneren, freieren Welt,
größer und doch ganz du,
grandios, herzzerreißend, mutig, stark
- ganz du.

Deine Stimme, folge ihr, immer, vor allen anderen.
Deine Schritte, jeder zählt, alle heilig.
Dein Tanz, niemand sonst kennt ihn.
Dein Style: Königin von Geburt an.
Hasta que el cielo y el infierno se congelen.
Bis Himmel und Hölle zufrieren,
setze ich all meine Zuversicht in dich.

HERZSPRUNG

Das Kind macht einen mutigen,
weiten Sprung vom Sessel auf
ein Kissen, lacht vor Freude.
Mit Mut und Entschlossenheit
den Abgrund überwinden, der
uns von der Welt trennt.

Ein Sprung aus dem Verstand ins
Herz, aus der Angst ins Vertrauen,
heraus aus dem Bekannten.

DAS GESCHENK

Fast drei Wochen blüht die
letzte Rose des Sommers
in ihrer Vase, verliert kein Blatt.

Verschwenderisch duftend,
süßer jedes Mal,
wenn ich das Zimmer betrete.

Blüht
aus keinem anderen Grund,
als dem, geboren zu sein.

Einfach so.
Unbegreiflich einfach so.
Nie war ein größeres Wunder.

Nach fast drei Wochen,
innerhalb weniger Minuten,
fallen alle Blätter ab.

LAMENTO 2

Da, schon wieder.
Immer wieder!
Es hört nicht auf.

Kurz nicht aufgepasst und ich lande in einer anderen Welt -
so schrecklich einladend, so vertraut und trotzdem falsch.
In einem Augenblick tausche ich das wirkliche Leben ein
gegen einen Haufen alter Gedanken und Geschichten,
garniert mit ein paar zweitklassigen Gefühlen.

Wie ein Süchtiger! Immer wieder!
Ich bekenne, dass ich süchtig bin nach der immer gleichen
modrigen Suppe gelogener Erinnerungen, in der manchmal,
zäh und bitter Brocken von Hoffnung herumschwimmen.
Zack!!! Der unwiederbringliche Augenblick eingetauscht gegen
einen trüben Film, der traurig aus einem rostigen Projektor sickert.

Sucht wie Flucht, aber wovor?
Alles, was damals geschah, ist vorbei. Nichts davon so
schmerzhaft, als mich dabei zu ertappen, wie ich denselben
Film wieder und wieder laufen lasse.

Als ob die Flucht je an einen besseren Ort geführt hätte!
Wie Prometheus an seinen Felsen,
bleibe ich gekettet an das süße,
unerbittliche Jetzt.

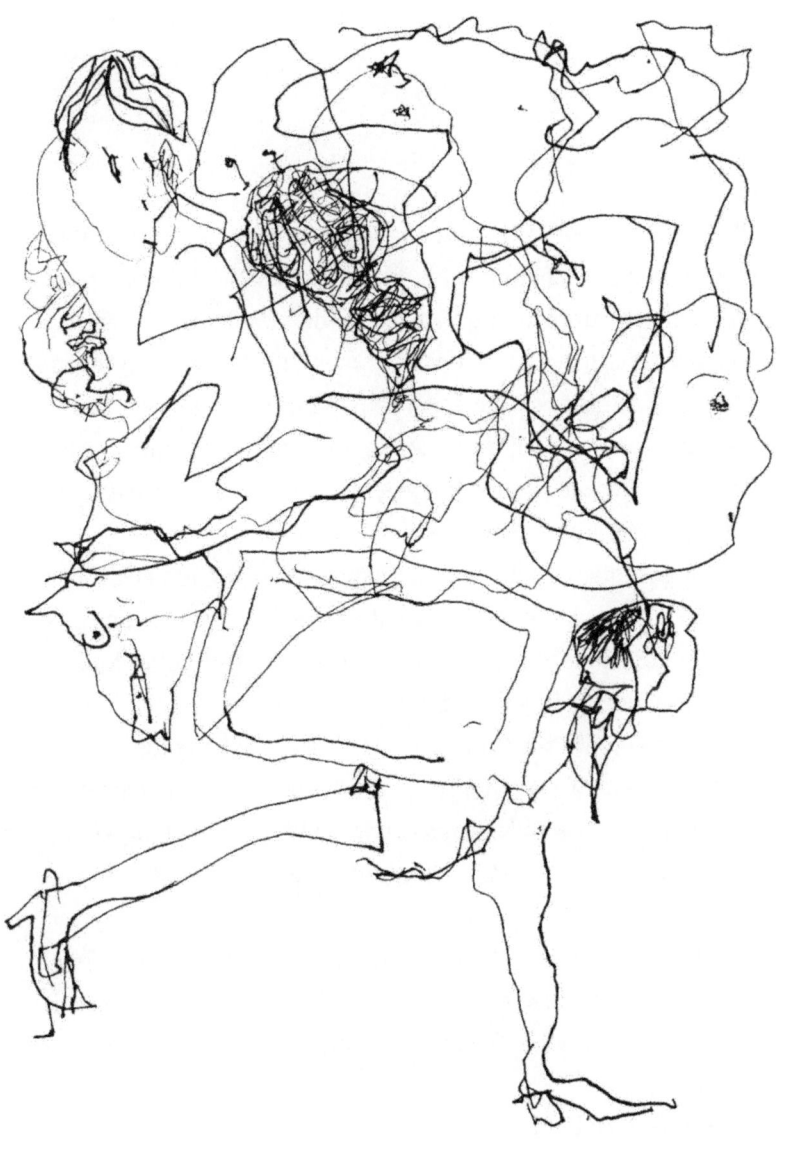

EINE EINFACHE FRAGE

Nach über einem Jahr ist der Schmerz so stark geworden, dass ich kaum noch schlafen kann. Es dauert fast vierhundert Tage mit vielen Therapien und Versuchen, den Quälgeist in der Schulter loszuwerden, ehe ich aufgebe und endlich meine eigene Medizin schlucke: aufmerksam sein, warten, nichts tun. Jeden Tag sitze ich still in meinem Zimmer, fühle den Schmerz, warte auf einen Impuls [irgendeinen!], verbanne alle Gedanken, die mit Wunschdenken, Sorge oder Angst einhergehen, warte . . . Wenig geschieht, spüre nur, dass die schmerzenden Muskeln sich zaghaft lösen, wenn ich ruhig mit dem Schmerz sitze, und sich wieder anspannen, sobald ich hinaus in die Welt gehe. Nach weiteren vierzig Tagen sind die Schmerzen unerträglich und der Verstand verzweifelt genug, damit eine einfache Frage auftauchen kann: *Wie fühlst du dich?*, frage ich den Schmerz und so unmittelbar, als hätte etwas ungeduldig und zu lange gewartet, höre ich das Wort: *hilflos* . . . und etwas in mir gibt auf.

Mit dem Auftauchen der Hilflosigkeit findet alles seinen Platz Ich denke an meine Tochter [die mit ihrer Seele um ihr Leben und ihr Gewicht kämpft] und wie hilflos ich [ich, nicht die

Schulter] mich dabei fühle, wie wenig ich das sein will und doch bin. Kann nichts tun, weder für meine Tochter, noch für das

Gefühl der Hilflosigkeit, außer Ja sagen zu beidem und zu vertrauen [so wie man eben vertrauen kann, wenn ein riesiger Hungergeist alles bedroht], dass wenigstens der Boden unter den Füßen nicht nachgibt. Danke dem Schmerz für seine Ausdauer und Unbeugsamkeit angesichts meiner Schwerfälligkeit

Elf mal vierzig Tage hat es gedauert, eine einfache Frage zu stellen und die Antwort zu akzeptieren. Jetzt spüre ich Erleichterung und eine sonderbare Freude, vielleicht weil ich ahne, dass auf verschlungenen Pfaden meine Hilflosigkeit und der Hungergeist gemeinsam reisen und das eine noch wachsen muss, damit das anderen schrumpfen kann.

Jedenfalls [und wie durch ein Wunder] beginnt der Schmerz sich aufzulösen, Muskeln heilen, ich kann mich freier bewegen und der graue Nebel hebt sich. Nach vier Tagen ist es vorbei. Ich bin schmerzfrei, beweglicher und bleibe hilflos, was sich jetzt mehr wie ein *nicht alles wissen und können müssen* anfühlt.

Ein langes, einseitiges Gespräch endet mit einer einfachen Frage.

KEIN TROST 2

In all den Jahren
keine Abkürzung, keinen Ausweg, nichts gefunden,
was mich vor der Wirklichkeit rettet,
keine Möglichkeit diesem Augenblick zu entkommen.
Was ist, gehört dazu.
Alles. Kein Deal möglich. Punkt.

Verlust und Tod gehören dazu,
Verdrängung, Zweifel und Unsicherheit,
Verletzlichkeit, Kampf und Ignoranz auch,
Schmerz, Leid,
Drama und Trauma,
aber auch Humor, Erbarmen, Offenheit,
Freude,
mitreißende Schönheit,
immer Gnade und Liebe.

Nach all den Jahren der Suche bleibt dieser Augenblick alles,
was ich habe und bin und
ich bin einverstanden.

VERTRAUEN

Vertraue. Nicht, dass alles gut wird,
vertraue, dass alles wird.

Vertraue, dass die Erde dich trägt
und die Sonne dich wärmt.

Wenn selbst das schwerfällt,
vertraue darauf, dass nichts gewiss ist
und alles sich ändert.

Ist auch das nicht möglich,
bleibt die Hoffnung.

Vertrauen ist tausendmal stärker.

WAS DAS LEBEN BRAUCHT

ist ein großes, unbedingtes Ja.
Kein Vielleicht, kein Nein.

Mach dir heute keine Sorgen,
finde nur dieses Ja.

Finde es in der dunkelsten Stunde der Nacht,
zwischen deinen Ängsten,
unter der Verzweiflung,
hinter Scham, Ohnmacht und Wut.

Finde es, auch wenn das unmöglich scheint.

Suche dort, wo du bist,
bewege dich keinen Millimeter,
suche im Anfang, wo das Universum gerade
ins Leben geboren wird,

geboren aus der größten Liebe,
geboren aus dem einzigen Wort,
das Gott spricht.

Sprich es aus.
Sprich es jetzt aus.

ENGELDRACHE für M.

Sie kam nicht aus dieser Welt,
eher von einem Ort zwischen den Welten.
Wie ein Engel, einer allerdings, dem nichts Irdisches fremd war.
Oder wie ein Drache, der ersten Sprache noch mächtig.
Nie ganz zu fassen, irgendwie bigger than life.
Natürlich auch ganz Mensch.
Verletzt und daran gewachsen,
rauhzart mit seltenem Mut, vorsichtig,
trotzdem furchtlos am Rand entlang segelnd.

Ich erinnere nicht mehr, ob ich sie von Anfang an mochte.
Am Ende habe ich sie geliebt.
Für ihre ironische Selbstsicherheit,
die sich nie erklärte oder verteidigte.
Für ihre Wachheit, selbst als der Boden unter ihr aufbrach.
Für ihre Weisheit. Ach, für vieles
und die Fuchsaugen.

Manchmal nähert sich uns ein Engel,
lädt ein zu einer Reise ins tiefere Land und
wir spüren den sanften Hauch seiner Ankunft nicht.

Auch da blieb sie großzügig und freundlich,
spöttisch auf die Weise der Menschen, die ihr Lachen auch
angesichts großer Schrecken und eisiger Kälte nicht verlieren.
Ich verbeuge mich tief und wünsche mir,
ich könnte es noch einmal tun,
in ihrer Gegenwart
und wie es einem Engeldrachen geziemt.

VERBEUGUNG

Im ersten Licht
stehe ich auf der Veranda
und lausche durch das grüne Meer
des Gartens auf etwas,
das sich nie zeigt und
nie weg ist.

Es beugt meinen Körper mit großer Kraft,
macht die Eingeweide hart
und die Brust eng.
Ich verbeuge mich tiefer,
so anmutig es geht,
vor den dunklen Schatten,
den Rehen hinten am Waldrand
und dem, was unbezähmbar bleibt
und frei, weil es nie anders sein will,
als es ist.

Lange stehe ich vor dem Unsichtbaren.
Irgendwann lockert sich sein Griff.

DER FELS AUF DEM WEG IST DER WEG

Als Michelangelo den riesigen Marmorblock betrachtete,
sah er Formen und Möglichkeiten und schuf, dem folgend,
was schon da war, ein Meisterwerk. Der Künstler richtete
seine Aufmerksamkeit auf die Figur, die sich befreien,
nicht auf den Stein, der sie halten wollte, und wurde zur
Hebamme einer reicheren, schöneren Welt.

Das Leben verwandelt sich in das, was wir in ihm sehen.

Michelangelo jedenfalls vertraute und folgte, ohne sich in
Bedenken zu verlieren, seiner tieferen Sicht. Das Werk
war vollendet, bevor er den Hammer das erste Mal hob.

Wie oft erschöpfe ich mich im Kampf gegen alte Formen
und lange schon gebrochene Geister?

OSTERN 2021

Eingehüllt in sanft atmende Stille,
verlieren sich Wollen und Bemühen in der Ferne.

Doch erinnere ich mich,
dass eine kleine Geste der Freundlichkeit
die Welt erleuchtet,

und dass

Schönheit und Traurigkeit
die Boten der Liebe sind.

Auch auf dem schrecklichsten Schlachtfeld
verkünden sie das Ende des Leidens.

GARBAREK UND DAS HILLIARD ENSEMBLE

Der strahlende Klang des Saxofons
durchbricht die Gesänge,

wie Ewigkeit mit Wucht
die Linie der Zeit durchbricht,

wie mit ihrem plötzlichen Auftauchen
nach langen Wolkentagen
sich zeigt,
dass die Sonne nie weg war,

wie ein Augenblick der Wahrheit
das Gewebe der Illusionen zerreißt,
in dem wir versuchen,
uns wohlig einzurichten.

WALDGANG

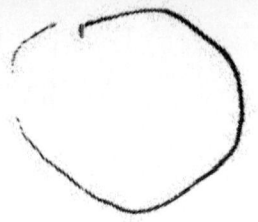

Ende März ist es noch einmal kalt geworden.
Schnee bedeckt den Frühling und nur die
gelben Forsythien halten die Stellung.

Waldgang, vorsichtig, mit kleinen Schritten,
ohne Pläne, ohne Ziel, mir selbst genug,

so wie das Fallen des Schnees und
der unverdrossene Gesang der Vögel
sich selbst genügen.

Ich werde nie mehr wissen, als das:
Mitten im Leben verliere ich mich
mit jedem Schritt tiefer im Nichts.

Auf dem Weg nach Hause
wird der Schnee langsam zu Regen.

MONDLOS

Samt schimmernde Nacht,
durch die nur mein Schatten
sich bewegt.

Dunkle, dunkle Nacht,
die alle Sterne enthüllt
und keines ihrer Geheimnisse.

Schwarze, leere Nacht,
wärmend,
wenn alle Sonnen untergegangen,

die bleibt,

wo alle Versprechen gebrochen,
alle Verträge erloschen sind.

SCHNELLER UND MEHR

Keine Minute Zeit
zwischen den Stunden.
Alles festgezurrt gegen die Ewigkeit.

Keine Zeit,
kein Raum zum Atmen,
immer weiter,
leben wie eine zusammengepresste
Konservendose, auf deren Etikett steht:

Mehr! Mehr!

Aber wie sieht ein Baum aus,
ohne den Raum
zwischen seinen Blättern?

Und was bleibt von deiner Musik,
ohne die Stille zwischen den Noten?

DIE TIEFSTE BEZIEHUNG Morgenmeditation

I.

. . . . Krähen schreien vor dem Fenster
im fahlen Licht des Morgens, ein Schluck Tee,
warten, dass es klingelt und jemand zur Tür hereinkommt,
Fannys Bild der kleinen blauen Kirche . . .

Die tiefste Beziehung ist die zum gegenwärtigen Moment,
der Zeit ist und viel mehr als Zeit.
Alles andere kommt und geht, allein die Gegenwart bleibt.
Sie ist die Meisterin und der Tempel.

Diese Beziehung ist unverbrüchlich, weil nichts
die Gegenwart wegnehmen oder auch nur mindern kann.
Sie ist das Größte, es gibt nichts außerhalb.

Auch Vergangenheit und Zukunft sind in ihre Kinder
und unser Vermächtnis an die Zukunft besteht aus
der Haltung
in der wir die Gegenwart leben.

Demut ist angebracht in einer Beziehung,
in der wir uns nur auf das Nichtwissen verlassen können.

II.
Wir existieren allein
in der offenen Beziehung
zu diesem Augenblick

und der

braucht keine Erklärung,
keine Bestätigung,
kein Update,
keinen Plan.

Was sich darin zeigt, ist genug . . .
und vorbei.

Wo finden wir einen sicheren Stand?
Wo können wir uns niederlassen?

NIRGENDWO FEINDE

Heute ist der Tag deiner Heimkehr.
Du musst jetzt nichts mehr tun
und doch bleibt nichts ungetan.

Gedanken, Empfindungen, Gefühle,
Lachen und Weinen,
Begegnungen und Ereignisse
kommen . .. und gehen .. .,

sei das Umarmen,
nicht die Richterin.

Zu leben bedarf heute keiner Anstrengung.
Heute ist nicht die Zeit, zu kämpfen.
Lass den Schwertarm sinken und
lege die Rüstung ab.

Schau dich um. Nirgendwo Feinde.
Sinnlos jeder Widerstand
gegen die unbegrenzte Offenheit des Seins.

WANDERER

Ich bin Mitte und Kreis,
Enge und Weite,
Schmerz und Heilung zugleich.

Bin, was nicht beginnt, nicht endet,
sterbend doch mit jedem Augenblick,
in jedem Grashalm, in allem Leben.

Auch wenn ich mich hinter
dicken Mauern verborgen halte,
bleibt das Unbekannte meine einzige Heimat.

Was sehen Kranichaugen?
Wer kennt den Weg, der
sich auflöst wie Atem in der Luft?

Ein Wanderer durch leeres Land,
bleibe ich die Seele meiner Welt.

DANKBAR

Das Licht des Mondes
findet seinen Weg
durch das Fenster im Hinterhof,
fällt auf das Bett.

Am Rande des Schlafes
eine überraschende Dankbarkeit,
als wäre ich reich beschenkt.

Dankbar für die Schönheit,
die nie endet.

Dankbar für das Träumen,
das mich tiefer
ins Namenlose zieht.

BESSER SCHLECHTE GEDICHTE ALS KEINE

Wieder ins Bett zu E.,
mitten in der Nacht,
nach ein paar Notizen
und einem Glas Wasser.

O Gott, ich habe von einer Schlange geträumt, sagt sie.
So um die dreißig Zentimeter?, frage ich.
Hmmmm, kommt es schläfrig zurück
und ich glaube nicht, dass sie die
Anspielung verstanden hat.

Dann schwebt ein weiterer, sich wichtig
gebender Gedanke durch meinen müden Geist.
Ich wieder raus, aber während ich das hier
aufschreibe, habe ich ihn schon vergessen.

Wieder ins Bett, mitten in der Nacht.

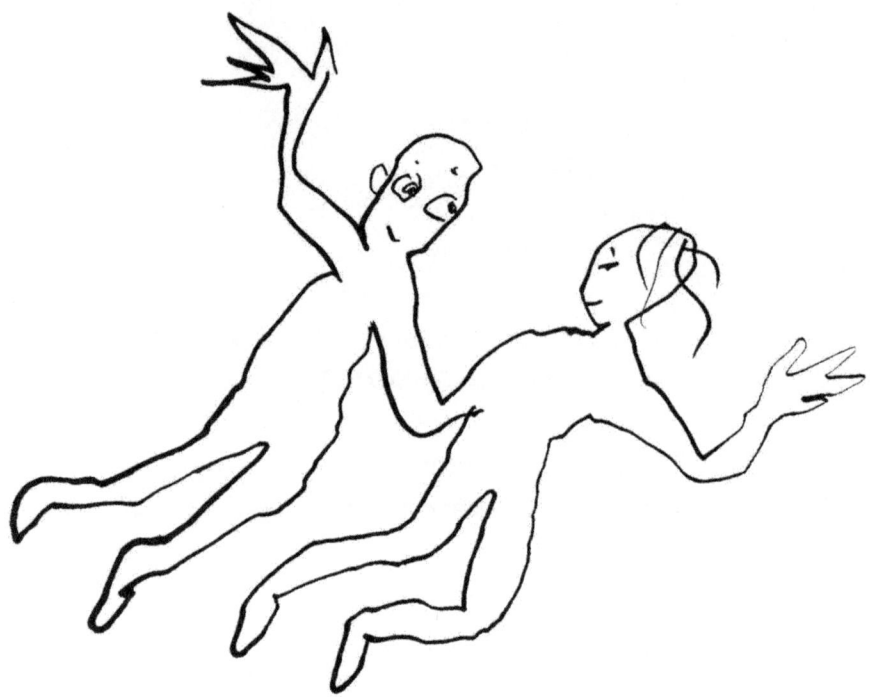

TURMSPRUNG

Das Gehirn, anscheinend auf Standby,
kann kaum unterscheiden zwischen
innen und außen, richtig und falsch.
So sitze ich in der frühen Morgensonne
wie ein glücklicher Narr und betrachte die
frische Vogelscheiße auf dem frisch
gestrichenen Stuhl.

So viele zwitschernde Vögel.
Eine Meise badet in der neuen Wasserschale.
Violett blühende Disteln.
Die letzten Wörter geben den Geist auf,
außer einem grenzenlosen Ja in meinem Herzen.

Das wird sich ändern, ich weiß, doch
erinnerst du dich, wie es ist, aus dem Turm
der Wörter und Meinungen hinunterzufallen
in das nackte Leben und im Fall
berühren sich unsere Hände?

SAISON 2021

Erstaunlich.
Mit den Oktoberstürmen und dem Regen
habe ich einfach aufgehört.
Zu müde, zu kalt, zu dunkel,
zu viel Kuchen, zu viele Besucher,
zu viele Projekte.
Aufgehört und nicht mehr angefangen.

Selbst gestern,
Ende Mai, waren Ausreden leicht zu finden
und wurden dankbar akzeptiert.

Doch heute,
die Sonne hell in den Morgenstunden,
fordert das Nichtlaufen mehr an Lebendigkeit,
als alle Bequemlichkeit einbringt.

Also raus,
keuchend durch den Wald,
der Weg seit Herbst viel länger,

kurz ins immer noch kalte Seewasser gesprungen
und dann auf Elke gewartet,
dankbar, dass sie mich abholt.

Saisonbeginn!

TRAINER

Ich jogge, sie fliegen. Die ganzen 5 Kilometer durch den Wald begleiten mich Mücken, andere Wesen mit Flügeln und mindestens eine Bremse. Als ob sie nichts anderes zu tun hätten und dankbar sind für die Abwechslung. Ich fühle mich drangsaliert und verbrenne viele Extrakalorien durch wildes um mich schlagen und Handtuch wedeln.

Die Flieger lachen nur und bleiben dran.

Erst als ich hüpfend das Ortsschild von Menz passiere, gerade bereit, jeden Widerstand aufzugeben, lassen sie ab, genau dort sind innerhalb von ein paar Sekunden alle verschwunden. Alle. Ich bin plötzlich allein.

Vielleicht dürfen sie die Ortsgrenze nicht passieren und haben Angst vor grimmigen Menzern. [Man hört da so einiges.] Oder sie halten sich an die brandenburgischen Flugbestimmungen für Wohngebiete. Ich weiß es nicht, bin mir aber sicher, morgen früh sind wir alle wieder am Start.

Vielleicht sind sie ja mein Trainerteam und jagen mich nur so lange, bis ich eine gewisse Grundgeschwindigkeit erreicht habe.

Das könnte dauern.

Mal sehen, wie es läuft.

GEWICHTSPROBLEME

Da sitze ich, in der dunklen Ecke des Cafés, unten am Platz.
Vielleicht habe ich einen Hut auf - ein kleiner, wohlgenährter
Mann in seinen besten Jahren mit Hut - und schreibe über dicke
Engel und Karlsson vom Dach und andere Dinge, die leicht
schief gehen können [und es dann wie durch ein Wunder doch
nicht tun], wie einen Geldbeutel am See auf einer Bank liegen zu
lassen oder der Versuch, eine Spraydose mit einem Hammer und
einem Schraubenzieher zu öffnen, schreibe vielleicht über Gott,
der es fertigbringt, sowohl Menschen zu machen, die nie
zunehmen, egal, was sie auch essen und andere [Menschen], die
zunehmen, wenn sie nur am Schaufenster der Bäckerei
vorbeigehen und dann eben Hüte tragen, schreibe vielleicht über
Gelassenheit, falsche Ideale, Croissants und auf jeden Fall über
hüpfende Wiedehopfe.
Wenigstens passt der Hut noch, nach Monaten einer Pandemie.
Eigentlich ein guter Tag, weil ich dunkle Ecken und Hüte schon
immer mochte

DIE LEHRERIN

Ein altes Sprichwort sagt, dass die Lehrerin
auftaucht, wenn der Schüler bereit ist.

Tatsächlich: Wo immer ich hinkomme, ist die Lehrerin schon
da. Als der Mensch, der mir gegenübersitzt oder mit dem ich
Hand in Hand durch den Wald gehe. Als der weite Himmel und
die Wolken davor. Auch der Käfer, der immer wieder auf dem
Rücken landet und um sein Leben strampelt, ist die Lehrerin.
Sie spricht zu mir in meinen Träumen und küsst mich durch
deinen Mund. Sie ist die Stimme in meinen Schmerzen
und die Regisseurin meiner Träume und Ahnungen.
Die Lehrerin offenbart sich in aufgeschnappten Worten,
Sätzen in Büchern, Filmen, zufälligen Gesprächen im Zug
und als Du, immer wieder als Du, immer wieder jetzt.

Wir müssen unser Herz der Gegenwart öffnen, damit die
Lehrerin ihre Arbeit beginnen und uns heilen kann.

Bin ich auch oft blind für ihre Weisheit,
bleibt ihre Freundlichkeit unübertroffen.

DER ALTE

Vor Jahren, in einem der Träume, in denen Traum und
Wirklichkeit eins werden und etwas erwacht, dass größer ist
als beide, sehe ich mich als alten Mann.
Der Alte strahlt eine vibrierende Lebendigkeit aus,
fast leuchtend und von Flammen umgeben.
Konzentriert und behände steigt er einen Berg hinauf und
mit jedem Schritt löst sich das Tal samt seinen Häusern mehr auf.
Ich verstehe, dass ihn nichts mehr bindet, die Vergangenheit nicht
mehr zählt. Er bewegt sich frei, braucht keine Gründe, keine
Erklärungen, weder Tradition noch Landkarten.
Unerwartet schaut er mich an, sieht mich in seinem Traum.
Schaut wild und spöttisch, mit dunklen, wenig menschlichen
Augen, ähnlich denen meiner Tochter in der Nacht ihrer Geburt.
Der Blick ein Geheimnis, das ich nicht deuten kann.

Viele Jahre später kann ich ihn immer noch spüren,
nahe jetzt, leuchtend und von Flammen umgeben.
Die Häuser und das Tal sind verschwunden.

IRRLICHT

Manchmal
erreichen wir das Licht
am Ende des Tunnels,
drehen uns um und entdecken,
dass der Tunnel nie existiert hat.

EINDRÜCKE NACH EINEM GESPRÄCH für S.

I.   Geschwächt, alt und ohne Hoffnung,
stehen wir doch in guter Haltung,
immer noch am richtigen Ort,
zur rechten Zeit.
Auch wenn in einer flüchtigen Welt
alle Wege verblassen,
ist eine Geste der Liebe möglich.

Ohne Weg kein Ausweg.
Alles wird Heimat und
das Zwitschern der Blaumeise erinnert daran,
dass es ein anderes Leben
nie gegeben hat.

II.   Wenn wir ankommen,
wird alles überflüssig,
das uns dorthin gebracht.

Wenn wir im Nirgendwo
ankommen,
was trägt?
Was bleibt?

Die tiefste Meditation kennt keine Absicht,
aber: was ist unsere Arbeit
am Rande des Unbekannten?

III.   Nach tausend Jahren
erreicht der Tropfen das Meer
und verliert sich selbst.

Manchmal
besteht das Wunder
darin,
dass ein gebrochenes
Herz nicht
aufhört zu schlagen
und weiterlebt,
wo uns die Luft

zum Atmen
genommen ist.

Manchmal
schauen wir zurück
und verstehen, dass
unser größter Wunsch
doch erfüllt wurde:
wir lieben und
werden geliebt.

NIEMAND DAHINTER

Hinter den Worten:
Wortlosigkeit.

Hinter der Wortlosigkeit:
Nichtwissen.

Wer kennt schon das Wesen der Wirklichkeit?

Viele glauben an Religion, Wissenschaft, Philosophie.
Niemand weiß etwas.

Vielleicht gibt es ein Leben nach dem Tod, vielleicht nicht.
Niemand weiß etwas.

Der neueste Guru kredenzt seinen Jüngern Wein aus
alten Schläuchen und bleibt, wie alle vor ihm,
jeden Beweis schuldig.

An manchen Tagen erscheint die Welt
mir nur als flüchtiges Ereignis,

mehr Traum als Tatsache,

doch bleibt der Schmerz konkret und
unmissverständlich,
wenn ein fallender Balken die Schulter trifft.

Ich bin. Mehr an Gewissheit will sich nicht
einstellen.
Ich bin: einfach und pur,
kein doppelter Boden, kein Sicherheitsnetz,
nichts dahinter.

Nur das Nichts dahinter.

SPIEL

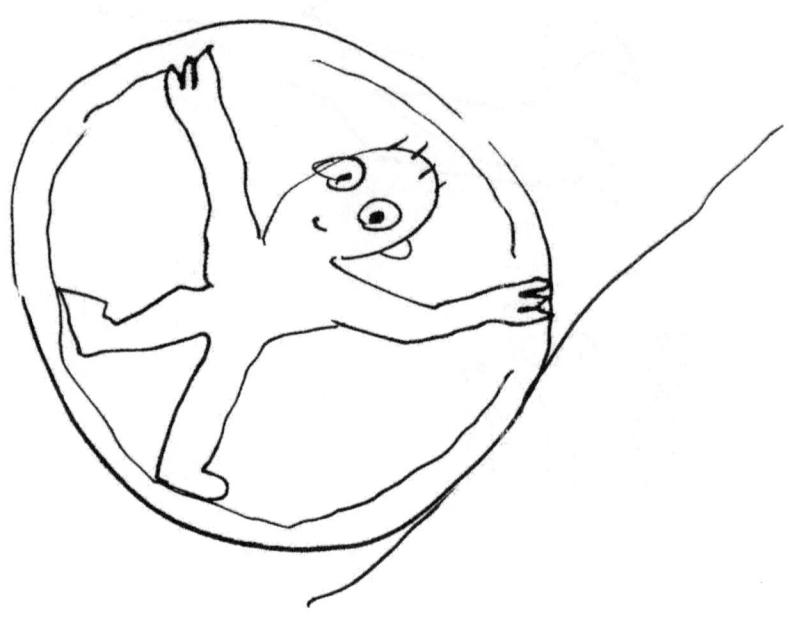

Nur Narren
streiten
um die Wahrheit,
wo
jedes Kind weiß,
dass allein

das Spiel
wirklich
ist.

GESPRÄCH ÜBER WAHRHEIT

Was ist schon wahr?" sinniert einer und schaut in die Ferne.
Das weiß ich nicht, entgegnet ein anderer, *aber wenn es die Wahrheit gibt, muss sie etwas sein, das immer und überall wahr ist. Wahrheit kann nicht einmal wahr sein und dann wieder nicht.*
Wenn es sie gäbe, wäre das so, sagt der eine.
Wenn es so wäre, hätte sie keine Grenzen. Sie würde nichts ausgrenzen, müsste sich nicht abgrenzen. Sie wäre überall und unteilbar. Niemand könnte ihr etwas hinzufügen oder wegnehmen. Sie wäre kein Geheimnis und jeder Mensch kennt sie, selbst wenn er sie verleugnet oder ignoriert, spinnt der andere den Faden weiter.
Wem nutzt eine solche Wahrheit?, fragt der eine.
Niemandem.
Nur so aus Neugier: sind sie der Wahrheit je begegnet?
Mehr als das. Selbst wenn ich es versuche, kann ich ihr nicht entfliehen und bleibe ihr Gefangener.
Der eine schaut sich irritiert um. *Wo soll sie sein, die Wahrheit?*
Hier, antwortet der andere und deutet vage in den Raum,
das, was ist. Wo sonst könnte sie sein?
Merkwürdiges Gespräch, seufzt der eine.
Danke.

71

ETWAS ODER DIE EINSAMKEIT DES DICHTERS TU FU

Bevor Etwas war, war Nichts.
Darin sind sich alle Experten einig. Irgendwie.
Kaum bekannt ist jedoch die große Einsamkeit von Nichts.
Per Definition gibt es nur ein Nichts, keine Grenzen,
keinen Sinn, niemand da, nur Nichts (eben).

So wie die dunkelste Stunde in der kältesten Nacht ohne Licht.
Oder zwei Menschen, die 10000 Kilometer voneinander entfernt
alleine den Mond anstarren und nichts voneinander wissen.
Noch einsamer, weil Nichts, bevor Etwas war, weder Nacht,
Kälte oder den Mond hatte. Noch viel einsamer, denn Nichts
kann ohne Etwas noch nicht einmal frieren oder Etwas
vermissen. Zu sagen, dass es ohne Etwas dann ja wohl auch
keine Einsamkeit gab, ist allerdings unromantisch und nicht zu
beweisen.

Außerdem kennt jeder Mensch die Einsamkeit des Nichts.
Denn wir sind zwar ein Etwas, aber jedes Etwas kommt
ursprünglich aus dem Nichts (woher sonst?) und bleibt das
Nichts,

sonst wäre im Nichts Etwas
und das ist nach Expertenmeinung ausgeschlossen.

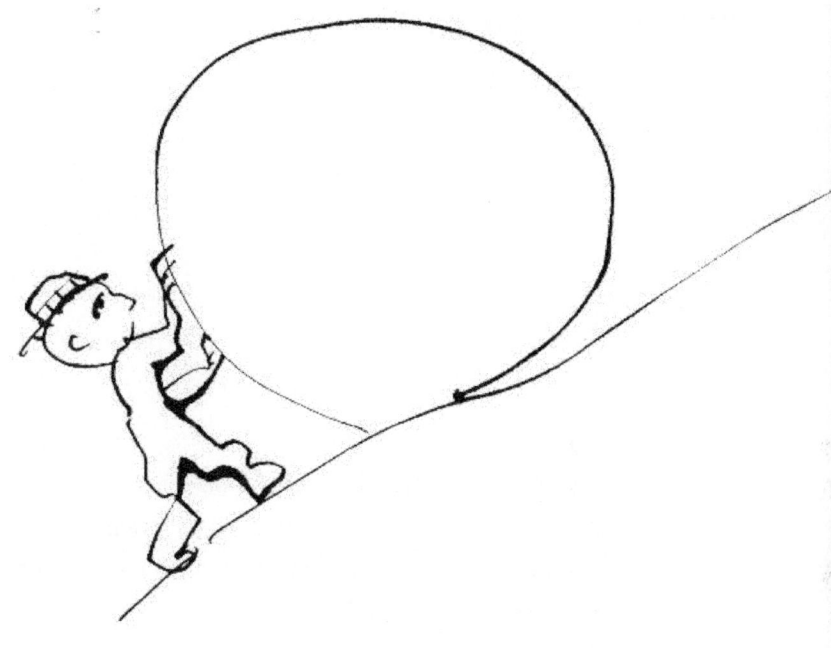

Kein Etwas ist also von Nichts verschieden
und deshalb ist jede Einsamkeit die Einsamkeit des Nichts.
Auch wenn Etwas das ständig vergisst und die starke Tendenz
hat, alles persönlich zu nehmen.

In seinen Überlegungen hier angelangt,
schauderte der alte chinesische Dichter Tu Fu etwas
in der Abendkühle und schloss das Fenster.

GEWÖHNLICHE KINDHEIT

Als ich gescholten wurde, verschloss ich die Ohren,
als ich in wütende Augen blickte, trübte ich die meinen,
weil sie niemanden interessierten, verschluckte ich meine Worte,
als Angst, Scham und Wut zu groß wurden,
zog ich die Muskeln zusammen und blieb klein.
Damals war ich klein und wusste es nicht besser.

Heute habe ich den Preis für mein Unwissen bezahlt.
Kann wieder sehen, wofür ich gestern noch blind war,
kann die aufgeregten Stimmen der Angst von der ruhigen
meines Herzens unterscheiden [meistens],
halte aus, wenn ins Licht tritt, was lange verborgen war,
[auch wenn es schmerzt, so wie die Heilung einer Wunde
gleichzeitig schmerzt und herbeigesehnt wird]
und wachse, ähnlich einer Eiche,
deren ganzes Wesen schon im Samen enthalten ist.

kreuzt eine hellweiße Hirschkuh gelassen den Weg,
wie ein Wunder aus einer anderen Welt;

das erste Jahr einer Pandemie erlebt;
den ersten Lockdown sehr genossen, weil etwas zur Ruhe kam;
überhaupt viel an Wichtigkeit und Dringlichkeit verloren;
auch Gewicht verloren, aber das kam wieder zurück;
viel über Kunst und Künstler: innen nachgedacht;

die Erkenntnis, dass Einzigartigkeit dem Ganzen dient
und das Gegenteil von Egoismus ist;
gelernt, was Schwellengänge sind;

einen Stein gefunden, der aussieht wie ein Walfisch;
viel geträumt;
Tarotkarten gemalt;
oft das erste Tageslicht mit einer Tasse Kaffee begrüßt

und auf einem Bein getanzt.

DIE KRAFT

Es ist okay, alles zu spüren
und zu fühlen,
auch das, was weh tut.
Es ist okay, verwirrt zu sein
und nichts zu wissen.
Es ist okay, vom Weg abzukommen
und sich zu verlieren.

Wie wunderbar,
mit dem Kind durch den Regen zu rennen
und langsam aufzuweichen.

NÄCHTLICHE ERINNERUNG

Nicht die ursprüngliche Einheit,
sondern die aus dem Bruche
wiederhergestellte Einheit ist der
wahrhafte Zweck der Schöpfung,
flüstert ein lange toter Mystiker
in der dunkelsten Stunde der Nacht,
und meint, dass wir in unserer
Gebrochenheit finden,
was nie verloren war,
und dass unsere tiefsten Wunden und
unerträglichsten Tage Pforten
in ein größeres, reicheres Leben
sein können.

SANFTE UMARMUNG

Wenn es regnet, genieße den Regen.
Wenn du traurig bist, kämpfe nicht länger dagegen an.

Lass dich sanft in die Traurigkeit hineinsinken.
Spüre den Druck auf dem Brustbein,
das Ziehen in deiner Kehle.
Fühle die Verletzlichkeit und Sanftheit,
die mit ihr einhergeht.

Vergiss für ein paar Atemzüge alle Geschichten
und die Stimmen der Angst, die versuchen,
dich vor etwas zu beschützen, das lange vorbei ist.

Dann vergiss auch das Wort Traurigkeit.
Nimm nur die besondere Qualität dieser Energie wahr . . .
Ihre Lebendigkeit, Feinheit und Kraft,
die auch deine Feinheit. Kraft und Lebendigkeit sind.

Öffne das Herz der bittersüßen Gegenwart,
umarme das Traurige zart und bestimmt zugleich.

Biete ihm eine Heimat solange es dauert,
wissend, dass alles, was in der Zeit entsteht,

auch in der Zeit vergeht.

Liebe die Traurigkeit,
bis sie zu Liebe wird.

HEIMAT

Herbstregen prasselt auf das Land,
trommelt, klopft, gluckert, droppst.
Wir sitzen in der warmen Jurte, trinken Tee, sprechen
über altes Leid, ein Sehnen, dass den Tod nicht fürchtet,
spüren einer Angst nach, die wie eine versteinerte Wunde
tief im Becken liegt. Aber wir sind auch standhaft,
bereit zu leben, bereit zu lachen, voller Ideen und Pläne.

Mein Blick fällt auf das kleine, aus alten Obstkisten
improvisierte Regal mit Büchern, einige davon Freunde
in dunklen Zeiten. Dann durch das Fenster auf die
Steine, Sträucher und Bäume davor,
zurück in den runden Raum voller Bilder und Dinge,
alle mit der Kraft, mich heimzubringen
in das süße, wilde Land meiner Seele.
Wir schauen uns still an, warten.
Unvermittelt läuft mir ein Schauder über den Rücken
und ich fühle ich wie der König eines Reiches,
welches erhabener und großzügiger nicht sein kann.

Hinter Burow,
dort, wo sich der Weg nach Menz
und der an den Stechlin treffen,
steht ein Holzkreuz mit der Aufschrift:

Jesus Christus
kreuzt unseren
Weg

Ja, Jesus Christus kreuzt unseren Weg
in jedem Augenblick,

wenn
Jesus Christus das Mysterium des Seins meint,
das Unfassbare unserer Existenz,

wenn
die Worte *Jesus Christus* an etwas erinnern,
dem Glaube, Theorie, Religion und Überlieferung
nicht gerecht werden.

Wo das Geheimnis unseren Weg kreuzt,
verlieren sich Wege und Gewissheiten.
Dem Mysterium schutzlos zu begegnen,
es nicht zu erklären und zu deuten,
ist der Weg, die Wahrheit und das Leben.

Meinen Dank an den,
der das Kreuz
dort in den Wald gestellt hat.

ABWEGIG

Das Land ist durchzogen von alten Wegen,
doch heute gehe ich abseits auf moosigem Boden
langsam durch den Wald,
verweile auf sonnigen Lichtungen.
Sanft und behutsam,
lauschend.
Mit den Schritten beruhigt sich der Geist,
der Körper atmet tiefer, dehnt und weitet sich,
als ob die Lebendigkeit des Waldes in ihn einströmt.
Mit dem Verlassen der Wege hört die Eile auf.
Warum hetzen, wenn es kein Ziel gibt?
Langsames Gehen, jeder Schritt ein Geschenk,
jeder Anfang und Ende.

Später folgt mir für kurze Zeit ein Dachs.

BEINAHE BEGEGNUNG

I.
Mit dem ersten Licht,
die Luft frisch vom Regen,
erfüllt vom Duft der Wiesen und Wälder,
zieht sich die Göttin Artemis zurück,
während der Müllwagen für die gelben Tonnen
rumpelnd in die Dorfstraße einbiegt
und seinen Auftritt absolviert.

II.
Ein fast Hundertjähriger,
allein in seinem Haus,
träumt schwer von einem Jäger,
der einst alle wilden Tiere töten wollte,
als ihn selbst der silberne Pfeil einer Jungfrau traf.

SCHAM

Die Toten,

nicht bereit,
einfach zu sterben,
treiben still
durch unsere
Träume,

blutrot
das tiefe
Wasser,
blutrot
die bewehrten
Grenzen,

abgewandt
die verlorenen
Kinder.

DIE GROSSEN ENGEL

Bevor die letzten Engel verstummten
und uns die Erde anvertrauten,
segneten sie uns mit ihren Tränen.
Manchmal in mondloser Nacht
spüre ich den leisen Hauch ihrer
sanft sich bewegenden Flügel.

Immer noch nah,
warten sie darauf,
dass wir lernen,
zu fliegen.

85

SINNLOSE BITTE AN NIEMANDEN

Wenn die Erde wegbricht,
oder die schlimmste Angst zurückkehrt
und ich zittere,
wenn du mich verlässt
[obwohl ich weiß, wie unmöglich das ist],
und alles sich auflöst wie Gestein in Lava,
dann, nur dann,
heile meinen Geist,
lass nicht zu,
dass ich an diesem dunklen Ort vergesse,
Süße zu schmecken,
Schönheit zu sehen und
der Liebe zu danken.

Nur dann, nur dort,
am äußersten Rand der Dämmerung,
zerschmettert von etwas Unbesiegbarem.

Danke.

GEBET FÜR RICHTIGES SEHEN

In mir läuft ein Subprogramm,
das sich auf Ironie und milden Zynismus spezialisiert hat.
Hin und wieder gleitet es allerdings ab in bitterbösen Sarkasmus.
Möge das nicht oft geschehen.
Möge das nicht oft geschehen,
weil es nichts löst, sondern meinen Geist verbittert.
Möge ich mich stattdessen daran erinnern,
dass uns alle die Liebe,
oder zumindest die Sehnsucht nach Liebe bewegt,
selbst wenn es manchmal wie das Gegenteil aussieht.

Mich der Liebe zu erinnern, löst nicht alles,
aber der Blutdruck sinkt
und die Rosen duften viel herrlicher.

MANIFEST

Wenn wir das Wunder vergessen,
beginnen Ignoranz und Gewalt.
In deinen Augen nicht das Mysterium zu sehen,
färbt eine ganze Welt grau.
Zu atmen, ohne dankbar für den Sauerstoff zu sein,
macht gierig.

Wir leben!
Wir leben,
entweder als Wunder,
oder mit dem Rücken zur Wand.

Damals wusste ich das nicht.

STOLPERND TANZEN

Wenn das Bekannte brüchig wird,
kehren Einfachheit, Kreativität und die Kunst
der Improvisation ins Leben zurück,

auch eine gewisse Sorglosigkeit und
fast verwegene Freude.

Die Seele freut sich, dass ein Abenteuer beginnt
und vertraut dem Unbekannten.
Auch in Phasen des Umbruchs, des Verlustes
oder der Verwirrung, bleibt sie gelassen.

Wage es!
Im Stolpern beginne zu tanzen.
Im Sturz entfalte deine Flügel.

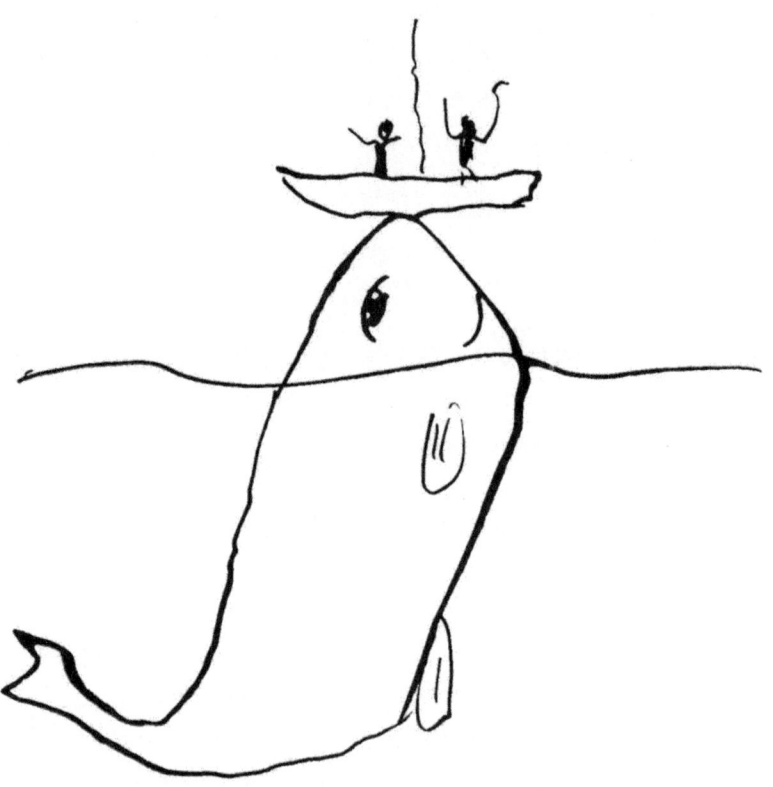

SEELENWAL

Im Internet gleitet unter einem sehr kleinen
Ruderboot ein gigantischer Blauwal entlang.
Im Boot zwei Angler, die nicht ahnen,
was sich dicht an der Oberfläche unter ihnen bewegt.
Oder doch etwas ahnen? Spüren, dass etwas Großes nahe ist,
dass aus der Tiefe etwas nach oben kommt und jederzeit das
bisschen Holz zerschmettern kann, von dem sie umgeben sind?
Vielleicht umklammern sie ihre Angeln fester mit beiden Händen
und beten, dass das Unvermeidliche sie doch verschonen möge,
ahnend, wie nutzlos manche Gebete sind.

Denn wie Käpt´n Ahab an Moby Dick bleiben wir alle an ein
Schicksal gebunden, dass uns früher oder später hinab ins
Bodenlose ziehen wird.
Oder sind sie so beschäftigt mit den kleinen Fischen,
dass sie nichts anderes sehen, nicht einmal die Fontäne,
die ein Wal Minuten später und weit entfernt bläst, nachdem er
 unter dem Boot in letzter Sekunde einen elegante Drehung
vollzog und so das Zusammentreffen aufgeschoben hat?

Keine Angst, er kommt wieder.

DIE ZWISCHENKATZE für K.L.

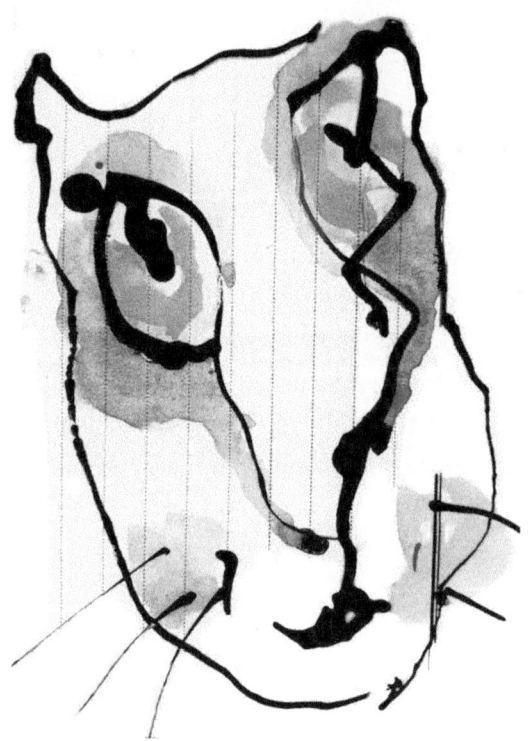

Der Künstler Kuno L. hat ein Bild mit einer großen Katze
gemalt, schwarz, mit langem Hals, eine uraltägyptische Katze,
wenn mich jemand fragt.

Das hängt jetzt neben meinem Bett und sobald ich einschlafe,
wird die Katze lebendig und springt aus dem Bild heraus,
lautlos,

springt nicht ins Zimmer, sondern in die Wand
und gleitet stundenlang durch alle Wände des Hauses,
still, schwarz, würdevoll mit langem Hals und einem roten Auge.
(Das andere Auge habe ich noch nie gesehen.)

Kuno, unter anderem, ist ein großer Maler seltener Tiere
und die in den Wänden entlanggleitende Zwischenkatze ist
ein Meisterwerk. Ein Meisterwerk mit Freunden,

so einem riesigen Blauwal, durch dessen Herz mit vier Kammern
die Katze manchmal spaziert, während der Wal und sie sich

darüber unterhalten, was Neues in der Welt geschieht.

Zwei goldene Reiher wohnen auch noch in den Wänden,
die manchmal allerdings so hell leuchten, dass es der
Zwischenkatze zu viel wird und sie sich in die jahrhundertealten
Kellermauern zurückzieht.

Doch immer rechtzeitig, kurz bevor ich aufwache,
ist sie zurück, so als sei nichts gewesen.
Trotzdem weiß ich Bescheid, weil das große Bild jeden Morgen
rechts ein paar Zentimeter tiefer hängt, rechts,
dort, wo die Katze wieder zurück in den Rahmen springt.

Wenn ich Kuno L. frage, wie er ein so großartiger Maler
von Zwischenkatzen und anderen Wesen geworden ist,
lächelt er nur und sagt nichts. Zu bescheiden der Mann.

Im Schlafzimmer blinzelt die Katze noch einmal
mit ihrem roten Auge.

I. Heimlicher Herr über den kleinen Platz
    unten direkt vor dem Café,
    ist der große Hund des Blumenhändlers.
    Schnüffelt, wedelt, ist glücklich, wenn etwas geschieht
    und glücklich, wenn nichts passiert.
    Er vergleicht sich nicht mit anderen Hunden,
    macht sich nie Sorgen, kümmert sich nur um Dinge,
    die ihn wirklich interessieren und genießt sein Leben.
    Wo hat er das gelernt?

HUNDE IN WILMERSDORF

II. Der bullige, große Mann mit Glatze, Trainingshose,
Sonnenbrille auch an dunklen Tagen und Kampfhund,
um den meine Phantasien argwöhnisch kreisen,
entpuppt sich als sanfte Seele, grüßt freundlich lächelnd
auch mich und ist überall behilflich und gern gesehen.
Auch der Kampfhund ist keiner.
Frieden folgt der Erkenntnis, dass kein Gedanke wahr ist.

SOMMERLOCH

Der Mann am Nebentisch hat die Lider geschlossen, und träumt
bestimmt von seinem toten Hund, der mitten im Sommer von
einem Hecht in das Becken mit der Wasserfontäne gezogen und
aufgefressen wurde. Mitten im Sommer, mitten auf dem Prager
Platz in Wilmersdorf, am helllichten Tag.
Der Hecht, nach dem Überfall noch größer geworden, dreht dort
weiter seine Runden. Manchmal schaut er über den Beckenrand
mit bösen, kalten Augen zu uns herüber.
Der Mann mit den geschlossenen Lidern träumt weiter von
seinem Hund und den gemeinsamen Spaziergängen und davon,
wie einsam sein Leben geworden ist. Und erinnert sich, im
Traum, an einen alten Freund und daran, wie sich ihre Wege
getrennt haben und er nie wirklich verstanden hat, warum,
und jetzt ist es Winter und er fängt an zu frieren und mit den
Lidern zu klappern.

Ach nein. Er öffnet nur die Augen, schaut sich um, sieht, wie
mir, wegen all dem Unglück ein Träne die Wange herunterläuft
und lächelt mir vergnügt zu, als gäbe es den Hecht nicht.
Ich frage ihn, ob er je einen Hund und einen Freund gehabt hat.

ORTSGEISTER II

Hundert Schritte den Weg nach Neuglobsow
hinunter beginnen die Wiesen - ein Meer
verschiedener Grüntöne dieses Jahr,
das sich in Wind, Sonne und Regen bewegt,
wie *ein* lebendiges Wesen.

Wie ein lebendiges Wesen, das sagt man so,
doch was als Spiel der Phantasie begann,
ließ mich Tage später tatsächlich einen Geist erahnen.
Dann konnte ich ihn tatsächlich spüren und jetzt
grüßen wir uns jeden Morgen schon wie alte Bekannte.

Ist alles beseelt?
Erfinde ich meine Welt? Erfindet die Welt mich?
Oder kommt die Chemie in meinem Gehirn langsam doch
durcheinander?

Was es auch ist, etwas hat sich [und mich] verändert dort,
hundert Schritte den Weg hinunter und will partout nicht mehr
zurück in seinen Käfig.

TEMPEL

Ein Gedicht kann ein Tempel sein,
den man besucht, um sich an das Wesentliche zu erinnern.

Ein Traum kann ein Tempel sein, der uns darauf vorbereitet,
das tiefe Land unserer Seele zu betreten.

Ein Gebet kann ein Tempel sein, in dem wir unser Wissen opfern
und in Stille warten.

Dein Körper kann ein Tempel sein, in dem sich ewiges Sein und
ewiges Werden miteinander vermählen.

Zwei Körper können ein Tempel sein.

Dieser Augenblick kann ein Tempel sein, heilig und gesegnet,
in dem wir zusammen eine größere Welt erträumen.

DER SCHWARZE ENGEL

*Es gibt jemanden in mir,
der mehr ich selbst als mein Selbst ist.*
Augustinus

In mir schwingt ein schwarzer Engel,
wie ein machtvoll stiller Bruder.

Wenn ich gehe, umhüllt mich seine dunkle Kraft,
wenn ich ankomme, wartet er schon . . .
bewegungslos, fordernd.

Unbeeindruckt, auch nicht durch mein Zittern,
auf schmerzhafte Art wahrhaftig,
schaut er über alles Endliche hinweg.
Hinaus ins Nichts geht sein Blick.
Was sieht er, wo ich blind taumle?

Ich spüre ihn am äußersten Rand des Bekannten,
still auf einer letzten Klippe und weiß,
er wird springen. Es gibt kein Zurück.

HEKATE

Schön, in der Sonne zu sitzen und zu spüren,
wie sie das Gesicht wärmt.
Selbst an die Hitze des Südens habe ich mich gewöhnt.
Aber mein Weg bleibt von der Mondin beschienen.
Ich bewege mich tastend in ihrem silbernen Schein,
liebe die Stunden der Dämmerung, überhaupt
zieht mich das schimmernd Unklare mehr an als Eindeutigkeit.
Es macht mich wachsam und bereit.
Ich ehre die strahlenden Götter des Lichts,
aber die Seele zieht es in die Tiefe, zu der Dunkelheit und Leere
Hekates, der alten Göttin des Mondes.

Viele verehren das Licht, aber ich vertraue Menschen,
die es wagen, auch das Dunkle zu berühren
und es der Mondhexe als Opfer darzubieten.

DIE SCHWARZE MADONNA VON ROCAMADOUR

Viele knien
und bitten
um ein anderes Leben.

Der Wanderer,
als er den heiligen Ort
einst fand,
bat Gott nur,
ganz
gelebt
zu werden.

Alle sterbend,
alle gestorben,
das ernste Gesicht
der dunklen Frau
überdauert (zumindest)
die Jahrhunderte.

BALANCE

Aus einem Stapel Tarotkarten
fällt zufällig eine heraus:
XIV Das Rechte Maß.
Offenheit, die nur will,
was gerade geschieht.
In Berührung mit allem,
bleibt sie weit,
Himmel und Erde umarmend.

Willkommen.

BLUTEND GEBORGEN

Weit aufgebrochenes Herz,
blutend, voller Leben . . .
und nichts ist geschehen.

Das tanzende Kind im Abendlicht,
dicke Hummeln auf den kleinen, violetten Blüten,
Rehe, die lässig übers Gelände spazieren,
Ungesagtes,
der mutige Mann, der mit hochgezogenen Schultern
in die Werkstatt fährt und versucht, seine Welt zu retten,
die faulende Stelle auf der letzten im Herbst gesammelten Birne.

Nichts ist geschehen, nur ich bin blind geworden.
Blind für alles,
außer für die makellose Schönheit, die kein Gegenteil kennt.

Taumelnd stoße ich mit dir zusammen,
blutend geborgen, glücklich.
Wie sonderbar.

SEIN

In dem von vier Häusern umgebenen Innenhof
lebt ein großer Baum seit vielen Jahren.

Hin und wieder sitze ich mit einer Tasse Tee
auf meinem kleinen Balkon und
wir halten ein stilles Zwiegespräch.

Die Kommunikation verläuft leicht und erfreulich –
jenseits von Worten
nichts zu verstehen,
nichts misszuverstehen,
die Leere zwischen uns wundersam erfüllt und süß.

Wind kommt und geht,
spielt mit den Blättern,
der Tee kühlt langsam ab.

Baum und Mensch sind verschieden.
MenschSein und BaumSein ist eins.

EINFACHES LEBEN

Kaffee aus der Thermoskanne,
dünn, aber heiß,

die neue Kreissäge in Betrieb genommen,

der immer schneller tauende Schnee tropft
in wechselnden Rhythmen vom Dach des Schuppens,

die rechte Hand schmerzt immer noch,
der Atem jetzt tief und ruhig,

Nachbarn kommen vorbei,
lockere Gespräche,
keiner will Kaffee - zu dünn, sagen sie.

Gewöhnliches Leben, einfache Gegenwart.
Es gibt nichts Tieferes, kein größeres Mysterium

als das.

IN AUGENBLICKEN WIE DIESEN

Es nieselt seit Stunden, aber wir halten das Feuer in Gang.
Verbrennen Zweige, Laub, Akten aus einer Zeit,
die endlich Geschichte ist.
Dann beladen wir einen Anhänger mit Resten von Baumaterial,
Schutt und nutzlosen Dingen, dankbar gegenüber dem
freundlichen Mann, der ihn uns spontan geliehen und
vorbeigebracht hat.

Ich sehe dich einen schweren Sack schleppen, will helfen, du
lehnst ab, kämpfst, aber er bleibt zu schwer, fällt auf den Boden
und zerreißt. In Augenblicken wie diesem bleibt beinahe mein
Herz stehen. Wie liebe ich diesen Mut, der nie aufgibt; deine
Bereitschaft, auch das Unmögliche zu wagen, die Verwegenheit,
alles auf eine Karte zu setzen . . .
Wie, um Himmels Willen, könnte ich dich nicht lieben?

Fluchend und mit wilden Blicken sammelst du die Reste
vom Boden wieder ein und schmeißt sie auf den Hänger.
Wir sind ein gutes Team, sage ich.
Du schaust auf und lächelst mich an: *Ja*.

ES WIRD MIR GUT GEHEN

Norman Mailer, an seinem achtzigsten Geburtstag gefragt,
ob er die richtigen Entscheidungen getroffen habe, antwortete:
Ich verschwende keine Zeit, darüber nachzudenken. Ich war in
manchen Sachen gut und in anderen nicht. Ich habe Erfolg gehabt
und ich habe versagt. Es macht keinen Sinn, zurückzuschauen.
Es gibt immer noch eine Menge Arbeit für mich.
Solange ich diese Arbeit habe, wird es mir gut gehen.

Wir schreiben unser Leben in Sand,
wo die Wellen der Zeit alles wieder auslöschen,
was wir so mühsam oft gekritzelt haben.
Und doch zählt, am Ende, was von unserer Arbeit
im Herzen derer weiterlebt, die wir lieben.
Das weiß ich - aus der Zeit gefallen,
von Vergangenheit und Zukunft erlöst - erst seit heute!
Ich bin zutiefst dankbar für meine Arbeit,
die immer nur darin besteht, dein Herz zu berühren
und zuzulassen, von dir berührt zu werden.
Solange ich diese Arbeit habe, wird es mir gut gehen.

BRÜCHIGE WORTE

Verlieren wir uns nicht in Meinungen und Geplapper.

Sprechen wir lieber über das Ungewisse,
über die Sprünge und Paradoxien unserer Existenz,
den Abgrund der Angst,
die Wunde im Herzen,

über Schönheit und Schrecken,
Alter und Tod,
den ausgefransten Schleier unserer Illusionen
und unsere Zweifel.

Sprechen wir langsam und bedächtig.
Es sind die Risse im Gewebe der Worte,
durch die heilend Wahrheit einströmt.

Wenn alle Worte dann verstummen,
bleibt das Namenlose.

DIE FRAGE

Im Traum saß ich mit einer Gruppe von Menschen,
als mich ein junger Mann etwas fragte.
An die Frage erinnere ich mich am Morgen nicht mehr,
nur daran, wie im Traum ich sofort und ohne Zweifel wusste,
dass die Frage, lange und tief verborgen, auf mich gewartet hat
und ich lebendiger und aufmerksamer wurde,
als sie endliche gestellt war,
von einem Jungen und auch das war wichtig.
Erinnere auch nicht mehr die Antwort, nur,
dass mir eine Schauer über den Rücken lief und
ich spürte, wie mein Leben seine Richtung fand,
als die richtige Frage ausgesprochen wurde.

ÜBER GEBETE

Beten kommt von bitten.
Gebete sind die Bitte, tiefer in das Mysterium gezogen
und von der Liebe verschlungen zu werden,
oder die Bitte, aus der Verwirrung zu erwachen,
dass es etwas gibt außerhalb der Liebe.
Jeder Mensch betet so, wie er kann.
Jedes Gebet verändert den Betenden.

Das Herz der Gegenwart zu öffnen, ist ein Gebet für Liebe.
Einatmen ist ein Gebet für Freude.
Die Hand reichen ist ein Gebet für Versöhnung.
Ausatmen ist ein Gebet des Vertrauens.
Das Ungeliebte sanft zu berühren, ist ein Gebet um Heilung.
Menschsein ist ein Gebet um Bewusstheit.

Leben wir so, dass wir uns als das Geheimnis erkennen,
zu dem wir beten.
Alle Gebete sind im Einverstanden sein
mit der Gegenwart bereits erfüllt.
Das wichtigste Gebet ist kurz: Danke

PLÖTZLICHES ERWACHEN

Unten am Platz, im Café und
zwischen zwei Gedanken wache ich unvermittelt auf

I.   mit der närrischen Gewissheit,
     dass ich die Menschen hier liebe.
     Jeden, uns, alle, alles.
     Ein stilles Lieben, das liebt, weil es nicht anders kann
     als lieben und nichts anderes sein kann als Liebe.
     Das liebt, wo ich nicht einmal mag.
     Es geschieht nicht zum ersten Mal, ist auch nicht mein Verdienst
     und nichts, das durch Wollen und Anstrengung erreichbar ist.
     Im Gegenteil: Liebe zeigt sich als das Ursprüngliche,
     wenn mich für einen Augenblick Geschäftigkeit und
     Geschwätzigkeit nicht länger von ihr ablenken.
     Auch wenn dieser Augenblick und selbst sein Nachhall vorüber
     sind, wird die Liebe bleiben, unbekümmert und wärmend

II   und verstehe die Alten, wenn sie sagen,
     dass Gott durch die Augen auf uns schaut,
     in die wir schauen.

     Was immer ich entdecke, ist sein Antlitz,
     was immer ich sehe, ist mein ursprüngliches Sein.

     Alles vollendet, nichts fehlt,
     unten am Platz,
     zwischen einem Schluck Kaffee
     und der Ewigkeit.

LIEBE ZU GROSS

Liebe, groß geschrieben, ist ein großes Wort.
Zu groß vielleicht, zu viel schon darüber geschrieben,
zu vieles in ihrem Namen schiefgegangen.
Wir nicken, wenn wir es hören, holen ein paar alte Fotos hervor,
haben Filme gesehen, wissen irgendwie Bescheid,
aber wer weiß schon etwas Genaues über die Liebe,
etwas, das unzweifelhaft ist?

Zu lieben, klein geschrieben, ist mir näher:
Das Herz öffnen, immer wieder, auch dann,
wenn ich es nicht will und fast nicht kann.
Ja sagen, zu dem, was ist, wenn alles in mir Nein schreit
und in einen heiligen Krieg ziehen will.
Eine Perspektive finden, in der alle Standpunkte Raum haben,
sich zu entwickeln und neu zu erfinden.
Eine Geste der Freundlichkeit, auch da,
wo Freundschaft nicht möglich ist.

Zu lieben, klein geschrieben, ist mir näher.
Selbst wenn es das Allerschwierigste ist, bleibt es eine Wahl.

GLAUBENSKRISE

Früher glaubte er Eltern und Großeltern, wenn sie ihm die Welt erklärten, inklusive Christkind und Osterhase, und glaubte allgemein an die Wichtigkeit der Dinge, die ihnen wichtig waren. Später glaubte er an vergangene Leben, die Kraft der Planentenkonstellationen, bestimmte Philosophien und Weltanschauungen, an Therapie, die Weisheit seiner Lehrer und Lehrerinnen, daran, dass die Liebe beginnt, wenn man den richtigen Partner gefunden hat, dass man alles erreichen kann, wenn man sich nur genug anstrengt und umgekehrt ein Versager ist, wenn die Dinge anders laufen, dass es für alles eine Lösung gibt, oder zumindest eine passende Pille.

Dann verließ ihn der Glaube.
Jetzt fühlt er sich gelegentlich nackt und schutzlos, doch ist er zuhause und muss nirgends mehr hin.

OMIKRON 29.12.2021

Die nächste Virusvariante
am Ende des zweiten Jahres
und immer noch flackert die Hoffnung
durch müde Geister,
dass alles wieder normal werden könnte,
bald,
irgendwie,

als ob es normal außerhalb unserer Hoffnungen
jemals gegeben hätte,

als ob die Spuren von Wut und Wahnsinn,
die sich lange schon in die Herzen geschlichen haben,
zusammen mit dem Virus ebenfalls verschwinden könnten,

als ob der Kampf darin besteht, ein Virus zu besiegen
und nicht darin, den Schatten in uns zu heilen,
der – blind - Freude und Freundlichkeit erstickt,

als ob wir ohne das Virus unsterblich wären
und nicht länger auf einem dünnen Seil
über dem Nichts balancieren müssten.

Nein. Besser sich an das Abenteuer gewöhnen,
das uns mit jedem Atemzug herausfordert,
lebendiger zu sein,
schöner, leuchtender,
mehr wir selbst.

LOSLASSEN

Lässt das Blatt los und segelt zu Boden,
oder hält es der Ast nicht länger,
an dem es monatelang gehangen hat?
Fällt es, wenn Blatt und Baum in ein tiefes Ja
zum Winter einstimmen?

Ich kann nichts loslassen,
trotz vieler Versuche.
Erinnerungen nicht, Gedanken nicht,
Süchte nicht, Menschen nicht,
Gefühle nicht.

Manchmal allerdings geht etwas
- dann leicht und mühelos – einfach weg.
Verlässt mich,
hat losgelassen, ohne dass ich weiß, warum.
Vielleicht habe ich es ganz gefühlt
und zu Ende gedacht,
ganz zugelassen,
ganz in mich reingelassen . . .

Vielleicht bin ich so weit geworden
- ohne zu wissen, warum,
  ohne zu ahnen, wie eng ich war -,
dass es nicht länger Halt findet,
seinen Griff lockert und sich in etwas
anderes verwandelt.
Oder ziehen manche Dinge weiter,
wenn ich mit ihnen einverstanden bin,
sie nicht mehr bedränge,
nicht leugne,
nicht länger versuche, sie zu verändern,
bereit bin, mit ihnen zu leben?

Heute scheint mir:
Niemand lässt los,
niemand kann loslassen.
Loslassen geschieht im Erkennen,
dass nichts bleibt
und nichts fehlt.

RÄTSEL

Ich spreche aus allen Mündern,
schaue durch alle Augen,
höre mit allen Ohren,

bewege das Universum und wenn
ich den alten Baumstamm hebe,
suche ich wuselnd auf vielen Beinen das Weite,

halte nichts fest und gebe nichts verloren,
denke und weiß nicht wie.

Wunder über Wunder!

Bin, was stirbt,
was niemals stirbt ... und das Sterben,

bin alle Möglichkeiten und kann doch
heute die schmerzenden Finger nicht bewegen.

Ich bin, was ich werde
und werde, was ich bin.

Wer bin ich?

DIE LETZTE BEGEGNUNG

Wie wäre es,
so zu leben,
als sei jede Begegnung
die letzte?

Den Vorhang aus Urteilen, Erwartungen und Erinnerungen,
der den Blick manchmal trübt, beiseiteschieben?
Gerade, wenn wir einem Menschen jeden Tag begegnen?

Was bin ich bereit, in dieser letzten Begegnung zu riskieren,
was kann ich geben?

Ist da Raum für Freude, Inspiration und Wertschätzung,
für Würde und Integrität?

Was,
wenn die
letzte Begegnung
die mit dir selbst ist?

ABSCHIED

Raus jetzt. Geh!
Geh in die Welt.
Unsere Wege trennen sich nun,
damit wir uns wieder finden
und du mir erzählen kannst,
wie es dir ergangen ist.
Hab' Vertrauen,

ich jedenfalls traue dir alles zu.

BIG LOVE . .

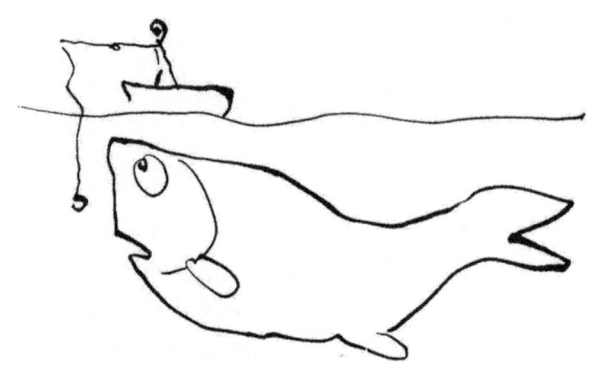

IMPRESSUM

©

Verlag Elke Hanke
Edition:Herzwege
Texte: Ralf Hanke
Bilder: Kuno Lomas
Layout: Maria Herrlich
Druck: BoD
1. Auflage, 2022

ISBN 978-3-9824407-0-5